Bate-papo da Consciência
Volume: 1

Renata Angélica

Bate-papo da Consciência

Volume: 1

"Entre você e você, há um universo inteiro."

Editora: Augus Valence (nome fantasia da empresa da autora)
Primeira edição — 2025
Belo Horizonte — MG
Registro de direitos autorais:
Fundação Biblioteca Nacional — Brasil
Nº de registro: 933.780
Livro: 1.823 | Folha: 26
Autora e ilustração: Renata Angélica
Capa: Cristiana Angélica

Dados Internacionais de Catalogação na Publicação (CIP)
(Câmara Brasileira do Livro, SP, Brasil)

Angélica, Renata
Bate-papo da consciência : volume 1 / Renata Angélica. -- 1. ed. -- Belo Horizonte, MG : Augus Valence, 2025.

ISBN 978-65-989852-0-2

1. Autoconhecimento 2. Consciência 3. Diálogos platônicos 4. Espiritualidade 5. Experiência de vida 6. Existência (Filosofia) 7. Filosofia 8. Intuição 9. Transformação pessoal I. Título.

25-319737.0 CDD-126

Índices para catálogo sistemático:

1. Consciência : Filosofia 126

Maria Alice Ferreira - Bibliotecária - CRB-8/7964

Há momentos em que a vida sussurra.
Outros em que ela grita.
Mas sempre existe um instante em que ela se senta ao nosso lado e começa a conversar.

Este livro nasceu desse lugar silencioso onde a consciência ganha forma, onde a Intuição tem voz, onde o Medo revela verdades, e onde a Criança Interior reaparece com pés descalços.

Aqui, compartilho fragmentos de pensamentos, sentimentos e percepções que, juntos, compõem uma cartografia íntima da alma — um convite para que você reconheça suas próprias vozes internas e se permita ouvi-las com mais delicadeza.

Cada diálogo que você encontrará aqui não foi escrito de fora para dentro, mas do avesso da experiência — do ponto exato onde a vida toca primeiro.

São conversas simbólicas que iluminam caminhos internos, cantos escondidos da mente e criam pausas — espaços onde a percepção se expande e onde o leitor pode se escutar com mais profundidade.

Bate-papo da Consciência *é um convite: uma jornada poética, delicada e reflexiva para quem deseja olhar para si sem peso, sem pressa e sem culpa. É uma companhia sensível para quem escolhe mergulhar no universo da consciência e das emoções — um sopro de clareza e inspiração no caminho sempre vivo do autoconhecimento.*

Renata Angélica

Dedico este livro ao meu marido e aos meus filhos.
A vocês, que silenciosamente iluminam meus dias
e dão contorno ao que sou.
Cada uma destas palavras nasceu também da força,
do amor e da presença que mora em nós.
Obrigada por serem minha raiz, meu abrigo
e meu horizonte.

Agradeço a todos que, de forma direta ou silenciosa,
tocaram meu caminho e semearam inspirações neste livro.
Às pessoas que me atravessaram, às experiências que me moldaram
e às conversas — externas e internas — que me ensinaram
a ouvir mais fundo.
Cada encontro, cada gesto e cada silêncio contribuiu
para que estas páginas existissem.
Este trabalho nasce dessa trama invisível que une
mente, coração e alma — e de tudo o que, em mim e no outro,
escolheu florescer.

Início

Antes de escrever para o mundo, precisei aprender a escrever para mim.

Durante muitos anos, eu escrevia — mas não acreditava que meu português fosse "adequado". Essa sensação me fazia depender de alguém para revisar, e essa dependência me constrangia: às vezes eu tinha vergonha de pedir ajuda; em outras, não podia pagar naquele momento. Assim, minhas palavras foram se recolhendo, guardadas em lugares que eu mesma não acessava com liberdade.

Eu tinha ideias, criava frases, textos, reflexões profundas... mas quase nunca mostrava. Faltavam organização, coragem e espaço interno.

Até que um dia resolvi publicar algumas frases. Foi difícil. O medo era enorme: medo de parecer "charlatã", medo da exposição, medo das interpretações. Às vezes eu publicava, mas sem assinar. Colocar meu nome parecia exibicionismo. Era um processo interno intenso, feito de muitos diálogos comigo mesma.

Com o tempo, fui me treinando. Assinar minhas próprias palavras era um gesto simples por fora, mas profundo por dentro. Continuei escrevendo e percebi que cada situação da vida se transformava, em mim, num diálogo. Um verdadeiro Bate-papo da minha consciência — de dentro para fora e de fora para dentro.

Aos poucos, comecei a criar posts diariamente, como forma de me organizar. Fiz disso um compromisso comigo mesma. Cada escrito trazia à tona conflitos, perguntas e pequenas revelações que me impulsionavam à transformação.

Mais adiante, percebi que eu buscava uma identidade. Queria expressar minhas ideias de maneira mais genuína. Então decidi ilustrar meus textos, mesmo sem saber desenhar além de bonequinhos de palito. Fiz minha primeira ilustração assim — e foi delicioso. Ver um pensamento ganhar forma trouxe uma alegria inesperada, uma ousadia nova, concreta, minha.

O retorno das pessoas foi acolhedor. Elas captaram exatamente o que eu havia sentido. Era como se tivessem enxergado minha intenção.

Segui desse jeito por um tempo, até que a velha autocobrança — sempre tão paciente — voltou a me visitar. Como tantas vezes na vida, pensei em parar. Achava tolice continuar.

Mas algo dentro de mim insistia. Eu queria encontrar o meu próprio jeito. Um dia resolvi criar um padrão visual para meus posts, algo que me desse um pouco mais de segurança. Encontrei uma imagem simples: uma planta perto de uma janela. Não sabia que planta era, apenas senti que fazia sentido. Desenhei meu bonequinho de palito no vidro da janela, sentado do lado de fora, com uma flor ao lado.

Para mim, aquela cena dizia tudo: eu me olhando pela janela, contemplando o horizonte, conversando comigo mesma. Era como assistir à minha vida numa tela de cinema — refletindo sobre o que ela me oferecia.

Assim nasceram os "Fragmentos de um diálogo". Depois percebi que eram Bate-papos da minha consciência comigo. E ali nasceu o nome deste livro.

Continuei escrevendo, mais solta. Ainda era desconfortável depender de revisões, mas algo havia mudado: aquilo já não era mais um bloqueio. Segui mesmo assim. Eu queria independência na escrita, e o compromisso dos posts diários acabou canalizando, sem querer, uma ou mais páginas por dia. Estava mais segura, mais feliz. Escrever era meu, e isso me libertou profundamente.

O medo da crítica foi dando lugar ao espaço da minha própria poesia, dos meus sentimentos, das minhas confissões. Eu finalmente tinha autonomia. Então mergulhei sem restrições. Escrevi, revisei, transformei textos antigos em diálogos. Tudo começou a fluir de um jeito inesperado e bonito.

De repente, percebi que já confiava mais na minha escrita. Não havia tantos erros assim. Não seria tanta "vergonha" assim. Meu ritmo se tornou constante, e percebi que já tinha muito material pronto para algo maior.

Resolvi ousar: montei o primeiro **Bate-papo da Consciência** e fiz o registro na Biblioteca Nacional. Escolhi um conjunto de diálogos e percebi que poderia criar volumes — muitos volumes. No registro, escrevi "Volume 1", declarando a intenção de continuação. Quando finalizei, mal acreditei. Aquilo simbolizava tanto que nem em muitos diálogos conseguiria expressar.

A jornada então virou espera — excitante, ansiosa, intensa. Eu seria aprovada? Teria coragem de publicar? E se desse errado? Foram tantos pensamentos... Até que a aprovação veio. E eu, sinceramente, me senti como uma criança recebendo o presente mais desejado. Era real. Eu havia conseguido.

Cada etapa dali em diante foi um misto de aprendizado, emoção, lágrimas e tensão. E cada momento gerava novos Bate-papos internos. Fazer um livro não é simples — eu já sabia, mas não imaginava o tamanho do caminho.

Quando cheguei à capa, só tinha uma certeza: eu queria usar o mesmo desenho dos posts. Pedi à minha filha, Cristiana Angélica, que desenha lindamente, para criar uma versão profissional. Ela fez — e me emocionei. Era como se todo o meu processo estivesse ali. E ela manteve meu bonequinho de palito, com uma sensibilidade que me tocou profundamente.

Mas havia um detalhe sem explicação: a planta. Eu não sabia qual era. Pesquisei.

Chama-se Costela-de-Adão. E seu simbolismo parecia escrito para mim:

- crescer apesar dos obstáculos;
- deixar a luz entrar pelas próprias aberturas;
- vitalidade, adaptação, expansão;
- conexão com o lar interno;
- proteção suave;
- beleza espontânea;
- respiração, espaço e luz;
- prosperidade e abundância.

Era exatamente isso que o **Bate-papo da Consciência** representava para mim: crescimento, coragem, abertura e luz — com o propósito de tocar quem busca autoconhecimento, espiritualidade leve e inspiração para momentos de pausa e reconexão.

Tentei então explicar o que é este livro:

Um livro de diálogos simbólicos entre aspectos internos do ser humano — como a Intuição, o Medo, a Criança Interior, o Tempo, a Espera, a Memória, o Futuro. Personagens—arquétipos que conversam entre si, revelando partes de nós. Por meio de textos curtos, sensíveis e profundos, convido você a mergulhar em reflexões existenciais com leveza, lirismo e humanidade. A obra é híbrida: filosófica e poética; espiritual sem dogmas; terapêutica sem pretensão clínica.
Escolhi diálogos curtos e simbólicos porque sinto que eles criam uma linguagem própria — íntima, singular, pouco explorada na literatura brasileira. Uma escrita delicada e provocadora ao mesmo tempo: acessível e profunda.

E este é apenas o começo.

Minha intenção — já em andamento — é continuar esses diálogos internos: novos volumes, novas séries, novos temas. Quero oferecer ao leitor reflexões sensíveis, pausas conscientes e pontes entre espiritualidade e vida prática.

Que você se reconheça nesses Bate-papos.
Que algo em você se abra, respire e se ilumine.

Boa viagem — e que este livro abra, em você, a mesma janela que um dia abriu em mim.

Amenidades...

Bate-papo da Consciência

Estavam os três conversando quando a Má Vontade falou com o Trabalho:
— Me falta empenho...

Sem nenhum pudor a Preguiça interviu:
— Relaxa! Nada supera a minha aversão ao que a você falta empenho!

Com certa timidez o Trabalho concluiu:
— A mim não falta nada, sobra atitude!

Círculo Interno

Bate-papo da Consciência

A Autoaversão se olhou no espelho e sussurrou:
— Não gosto do que vejo… nunca gostei.

Os Registros Negativos, empilhados num canto, provocaram:
— Claro, somos nós que você vê.

O Autoamor, do lado de fora, bateu na porta:
— Posso entrar? Prometo que trago uma nova imagem.

Verdades Quietas

Bate-papo da Consciência

A Sinceridade disse, com os olhos limpos:
— Eu não sei fingir.

A Coerência respondeu, firme e calma:
— Eu não sei dividir o que penso do que faço.

A Solitude, sentada entre as duas, sorriu:
— Por isso gosto de estar com vocês. Aqui, eu sou inteira.

O Vazio, lá fora, quis entrar... mas percebeu que ali já havia presença.

A Chave

Bate-papo da Consciência

A Capacidade disse, quase em sussurro:
— Eu sei.

A Disposição respondeu com brilho nos olhos:
— Eu quero.

E então, a Permissão sorriu e completou:
— Agora vocês podem ir. Eu abro a porta.

O Tempo, lá fora, já esperava com o caminho pronto.

O Encontro

Bate-papo da Consciência

Estavam em silêncio quando a Ansiedade disse à Coragem:
— Você vive pulando no escuro... não te dá medo de cair?

Com um sorriso firme, a Coragem respondeu:
— Medo eu tenho. Mas sigo mesmo assim.

A Razão, que só observava, murmurou:
— Que bom seria se vocês duas me escutassem de vez em quando..

Conspiração Silenciosa

Bate-papo da Consciência

A Autossabotagem apareceu de mansinho e cochichou para a Culpa:
— Fiz de novo...

A Culpa, que nunca perde uma oportunidade, respondeu:
— Eu sei. E agora é com você.

O Silêncio, encostado na parede, sussurrou:
— Vocês duas adoram trabalhar juntas, né?

Ciclos Contínuos

Bate-papo da Consciência

A Confiança respirou fundo:
— Eu ainda acredito...

A Traição cruzou os braços e riu:
— Sério? Depois de tudo?

O Recomeço, já de pé, estendeu a mão:
— E se, em vez de olhar pra trás, a gente tentar de novo?

Conflito Interno

Bate-papo da Consciência

A Angústia murmurou:
— Eu só queria entender...

A Proteção envolveu—a com cuidado:
— Eu só quero te manter segura.

A Solidão suspirou:
— Eu sou o preço disso, né?

A Razão observou tudo e concluiu:
— Talvez seja hora de repensar os acordos.

Valor do Tempo

Bate-papo da Consciência

O Passado tentou argumentar:
— Eu ainda valho alguma coisa...

O Presente sorriu:
— Eu escolho não te precificar.

O Agora se adiantou:
— Porque é em mim que tudo acontece.

E seguiu em frente.

Ruído Interno

Bate-papo da Consciência

O Grito ecoou pelo espaço:
— Alguém precisa me ouvir!

O Egoísmo retrucou:
— E por que não eu primeiro?

A Violência sorriu de canto:
— Se ninguém ceder, eu resolvo.

A Evolução, tranquila, observou e disse:
— Ou a gente aprende... ou repete tudo de novo.

Harmonia Interna

Bate-papo da Consciência

Perdoar respirou fundo:
— Eu liberto.

Entender refletiu:
— Eu amplio.

Crescer sorriu:
— Eu transformo.

Conviver abriu os braços:
— E juntos, a gente faz dar certo.

E Então?!

Bate-papo da Consciência

A Sonsa fingiu inocência:
— Eu? Nem sei do que estão falando...

A Fofoca riu baixinho:
— Mas eu sei. E tenho detalhes!

O Medo arregalou os olhos:
— E se descobrirem?

A Ética cruzou os braços:
— Se precisar esconder, já tá errado.

Escolhas e Laços

Bate-papo da Consciência

A Lealdade afirmou:
— Eu fico pelo que somos.

A Fidelidade completou:
— Eu fico pelo que prometemos.

A Opção ponderou:
— E se houver outro caminho?

O Sonho, lá na frente, chamou:
— E se esse caminho for melhor?

Nós e Desgastes

Bate-papo da Consciência

O Cansaço suspirou:
— Eu não aguento mais...

O Laço apertou:
— Mas a gente tem história.

O Amasso provocou:
— E também intensidade.

A Razão observou e perguntou:
— Mas ainda faz sentido?

Motor Interno

Bate-papo da Consciência

A Força de Vontade se levantou:
— Eu sou o empurrão nos dias difíceis.

Minha Criatividade girou no ar e disse:
— Eu sou o jeito de fazer possível o que parece impossível.

E o Sonho, lá na frente, acenou:
— Eu sou o motivo de tudo isso começar.

Instinto e Caminho

Bate-papo da Consciência

As Pulsões Naturais sussurraram:
— Nós viemos antes de tudo.

A Experiência respondeu, com calma:
— E eu vim depois, pra ensinar com o tempo.

A Manifestação surgiu no meio das duas:
— Eu sou o encontro de vocês — quando o sentir vira ação.

Origem Sutil

Bate-papo da Consciência

Preexistir falou, com voz antiga:
— Eu sou o que veio antes do tempo.

A Matéria se apresentou:
— Eu sou a forma que tudo assume.

O Embrião sussurrou:
— Eu sou o começo da possibilidade.

A Existência disse, firme:
— Eu sou a travessia entre o invisível e o real.

E a Alma, em silêncio, apenas sentiu:
— Eu sou tudo isso... e o que ainda não se pode nomear.

Entre Olhares

Bate-papo da Consciência

A Cumplicidade cochichou:
— Eu nasço no silêncio que dois entendem.

A Afinidade sorriu:
— Eu chego sem esforço, como se já estivesse ali.

A Existência assentiu:
— Eu me torno mais leve quando sou partilhada.

E o Despertar, com brilho nos olhos, disse:
— É assim que começa algo que vale viver.

Equilíbrio Ancestral

Bate-papo da Consciência

Yang afirmou, com firmeza:
— Eu sou o impulso que cria, organiza, realiza.

Yin acolheu com suavidade:
— E eu sou o espaço onde isso tudo floresce e se mantém.

A Continuidade observou:
— Sem um, o outro se perde.

E o Equilíbrio, sereno, concluiu:
— Juntos, somos o fluxo da vida.

Fluxo do Sentir

Bate-papo da Consciência

A Afetividade pulsou no peito e disse:
— Eu me alimento do que mora dentro.

O Coração, com sabedoria, afirmou:
— Eu traduzo em ritmo o que se permite sentir.

O Direito sussurrou:
— Quando me reconhecem, o amor circula livre.

Mas o Limite murmurou:
— Quando me exageram, eu fecho as portas da emoção.

E o Corpo, atento, avisou:
— Se não flui por dentro, eu dou um sinal por fora.

Fragmentos que Pensam

Bate-papo da Consciência

O Futuro, meio inquieto, cochichou:
— E eu? Por que ninguém me ouve?

O Presente respondeu, sem desviar os olhos do Agora:
— Porque você ainda é silêncio esperando voz.

A Memória, encostada numa cadeira antiga, murmurou:
— Eu não queria doer tanto... só queria ser lembrança.

A Intuição, dançando no canto, riu baixinho:
— Tudo já está aqui. Vocês é que esquecem de escutar.

Conversa da Postura

Bate-papo da Consciência

Postura erguendo-se com elegância disse:
— Eu sou o primeiro gesto. Antes de qualquer ato, eu sustento o corpo e o espírito. Sem mim, tudo vacila.

Ensaio ajustando detalhes com cuidado ponderou:
— E eu sou o processo. A repetição paciente, o erro que ensina, o suor que ninguém vê. Tu me conheces bem, Postura — sou tua continuidade.

Espera sentada à beira do palco, olhando o tempo passar se posicionou:
— E entre um passo e outro, entre o preparo e o acontecer, eu respiro. Sou incômoda, eu sei... mas também sou solo fértil. Sem mim, tudo se apressa e se perde.

Resultado entrando com gravidade, carregando o peso das expectativas falou:
— E então chego eu. Alguns me temem, outros me veneram. Mas sou apenas reflexo: do quanto se sustentou a Postura, do quanto se mergulhou no Ensaio, do quanto se respeitou a Espera.

Aplausos invadindo a cena com brilho e barulho:
— E eu? Eu sou o eco! Não existo sem vocês. Sou breve, barulhento, mas jamais nasço do vazio. Sou a celebração que encerra — ou inicia — o ciclo.

Raiva e Fuga

Bate-papo da Consciência

A Raiva gritou, inflamada:
— Eu apareço quando algo fere o que é justo.

A Fuga respondeu, ofegante:
— E eu corro quando não sei o que fazer com você.

O Encarar chegou devagar, mas firme:
— Eu fico. Olho no fundo. Dou nome ao que arde.

E a Libertar, então, abriu os braços:
— Eu sou o que vem depois — quando o peso vai embora.

Evolução e Conquista

Bate-papo da Consciência

A Criança falou, curiosa:
— Eu sou o começo, o olhar que pergunta tudo.

O Adulto respondeu, pensativo:
— Eu sou quem aprende a carregar escolhas.

A Maturidade chegou com voz tranquila:
— Eu entendo que crescer é acolher cada etapa.

A Evolução se ergueu entre todos:
— Eu sou o fio invisível que liga o antes ao depois.

E a Conquista, com brilho nos olhos, finalizou:
— Eu sou o presente que nasce quando o caminho é vivido com inteireza.

Traição e Lealdade

Bate-papo da Consciência

A Traição chegou primeiro, com olhos baixos:
— Eu sou o rompimento do que um dia foi prometido.

A Lealdade respondeu, com postura firme:
— Eu fico, mesmo quando é difícil — mas não às cegas.

A Fidelidade se aproximou, serena:
— Eu sou o compromisso com o que faz sentido, por dentro.

A Confiança olhou nos olhos de cada uma:
— Eu nasço devagar... e morro em segundos.

O Relacionamento, ouvindo tudo, concluiu:
— Eu sou o espaço onde todas vocês se encontram — para construir ou destruir.

Relacionamento Amoroso

Bate-papo da Consciência

O Relacionamento Amoroso falou, com voz doce e frágil:
— Eu floresço quando dois mundos se permitem tocar.

O Medo sussurrou, encolhido:
— Eu apareço quando o coração lembra do que já doeu.

A Coragem se aproximou, firme e gentil:
— Eu convido a ficar… mesmo quando tudo em ti quer fugir.

O Perdão olhou nos olhos de todos e disse:
— Eu não apago o que foi, mas liberto o que ainda pesa.

E o Amor, silencioso, mas inteiro, concluiu:
— Eu sou o que permanece quando o ego se cala.

Sofrimento e Renovação

Bate-papo da Consciência

O Sofrimento chegou primeiro, curvado, e disse:
— Eu apareço quando algo dentro de ti precisa ser visto.

O Entendimento colocou a mão em seu ombro:
— Eu chego quando você para de lutar contra o que sente.

A Renovação entrou com os pés molhados de esperança:
— Eu sou o que nasce quando a dor encontra sentido.

E a Vida, pulsando em silêncio, finalizou:
— Eu sou o todo — mesmo quando tudo parece em pedaços.

Caminho, Verdade e Vida

Bate-papo da Consciência

O Caminho falou primeiro, com passos calmos:
— Eu sou o trajeto — cheio de curvas, silêncios e encontros.

A Verdade veio logo atrás, olhando nos olhos:
— Eu sou o que permanece, mesmo quando tudo muda.

A Vida sorriu com mistério e luz:
— Eu sou o todo que pulsa entre o ir e o ser.

E o Silêncio, que estava escutando, murmurou baixinho:
— Eu sou onde vocês se encontram.

Mágoa e Ressentimento

Bate-papo da Consciência

A Mágoa se aproximou, com os olhos turvos de dor:
— Eu sou o eco de algo que não foi curado, mas guardado.

O Ressentimento, com um sorriso amargo, respondeu:
— Eu sou o que se alimenta do tempo — e nunca esquece.

A Cura, com uma voz suave e acolhedora, disse:
— Eu sou o caminho que você evita, mas sei que você sente a necessidade.

E o Perdão, com um gesto amplo, concluiu:
— Eu sou o que você teme, mas também o que vai libertá-lo.

Cores da Emoção

Bate-papo da Consciência

A Circunstância, com um olhar calculador, falou primeiro:
— Eu sou o cenário invisível, aquele que molda tudo ao meu redor. Sem mim, nada seria o que é.

A Complexidade, com um suspiro profundo, respondeu:
— E eu sou as mil camadas que surgem, as infinitas ramificações que surgem diante de qualquer decisão. Não há um caminho, apenas possibilidades.

A Simplicidade, com um sorriso suave, interveio:
— Mas é justamente na simplicidade que a verdade se revela. Não há mais camadas do que o que é necessário. Eu sou o que basta.

Emoção, com o coração vibrante, interveio por último:
— Eu sou o que move tudo. A Circunstância me molda, a Complexidade me desafia, e a Simplicidade me acalma, mas é a emoção que dá cor a tudo.

Eu Sou

Bate-papo da Consciência

Eu sou.
Sou presença no agora, sou respiro entre os silêncios do mundo.
Eu vivo.
Com os pés no chão e o coração aberto, caminho por entre luzes e sombras, reconhecendo em cada passo uma parte de mim.
Eu sou.
Sou mais do que nome, do que forma. Sou essência em movimento, sou alma que pulsa com a vida.
Sou vida.
Em constante fluxo, em reinvenção diária. Sou recomeço, sou continuidade.
Sou caminho.
Feito de encontros, escolhas e descobertas. Não caminho sozinha — carrego comigo tudo o que fui e tudo o que ainda posso ser.
Caminho com ternura.
Olho para mim com gentileza, me acolho nas minhas imperfeições, me abraço nos dias difíceis.
Caminho com amor.
Amor por mim, pelos outros, pela jornada. Amor que cura, que nutre, que transforma.
Caminho com acolhimento.
Porque aprender a acolher o que sou é também aprender a acolher o outro, com empatia e escuta verdadeira.
Caminho com sabedoria.
Sabedoria que nasce da experiência, do sentir profundo, da coragem de continuar mesmo sem entender tudo.
Eu sou.
E ser, por si só, já é sagrado.

Eu Sou?

Bate-papo da Consciência

Pessoa: Quem sou eu?
Consciência: Você é. É presença no agora, respiro entre os silêncios do mundo.

Pessoa: Mas eu... vivo?
Consciência: Vive, sim. Com os pés no chão e o coração aberto. Caminha entre luzes e sombras, reconhecendo, em cada passo, partes suas.

Pessoa: E o que mais sou?
Consciência: É mais do que nome, do que forma. É essência em movimento, alma que pulsa com a vida.

Pessoa: Então… sou vida?
Consciência: É vida, em fluxo constante. Em reinvenção diária. É recomeço e também continuidade.

Pessoa: Sou caminho?
Consciência: É. Um caminho de encontros, escolhas e descobertas. E nunca caminha sozinha — carrega tudo o que foi e tudo o que ainda pode ser.

Pessoa: E como sigo nesse caminho?
Consciência: Com ternura. Olhando para si com gentileza, acolhendo as imperfeições, se abraçando nos dias difíceis. Com amor — por si, pelos outros, pela jornada. Amor que cura, nutre, transforma.

Pessoa: E quando não souber como continuar?

Consciência: Caminhe com acolhimento. Aprender a acolher o que é também é aprender a acolher o outro. Com empatia. Com escuta verdadeira. Com sabedoria — aquela que nasce da experiência, do sentir profundo, da coragem de seguir mesmo sem entender tudo.

Pessoa: Então… eu sou?
Consciência: Sim. E ser, por si só, já é sagrado.

Cadê a Clareza?

Bate-papo da Consciência

Fluência foi a primeira a falar, com leveza nos olhos e movimento nas mãos:
— Eu sou o rio. Quando me deixam passar, tudo encontra seu curso. Mas basta um obstáculo interno — e eu empaco. Preciso de espaço... e confiança.

Medo encolheu-se em seu canto e murmurou:
— Eu sou o freio. Nem sempre sou inimigo — às vezes, sou sinal de alerta. Mas confesso... muitas vezes exagero. Tenho medo do que não conheço, do que pode dar errado, do que já doeu antes.

Coragem deu um passo à frente. Tinha cicatrizes no peito e brilho nos olhos:
— Eu não sou ausência do Medo.
Sou a decisão de ir, mesmo com ele presente. Eu abraço o risco. Caminho tremendo — mas caminho. Porque parar pode se tornar morrer aos poucos.

Clareza chegou por último, com silêncio no andar e firmeza na voz:
— Sem mim, vocês se perdem. Fluência vira fuga. Medo vira prisão. Coragem vira impulso cego. Eu sou a luz que revela onde estamos e para onde queremos ir. Não acelero nem travo — eu ilumino.

Fluência, então, se voltou aos outros:
— Quando vocês se alinham, eu posso fluir. Quando o Medo escuta a Clareza, a Coragem age com sabedoria. E eu? Eu viro vida em movimento.

Coragem sorriu:
— Eu vou primeiro... mas só quando a Clareza aponta o caminho.

Medo assentiu, baixando a guarda:
— Eu posso vir junto, desde que não seja no volante.

Clareza finalizou, suave e firme:
— Que cada um cumpra seu papel.
Juntos, podemos atravessar qualquer rio interno.
E o fluxo recomeçou.

Conversando com o Rancor

Bate-papo da Consciência

Mágoa olhou para Ressentimento e Rancor, e disse com a voz embargada:
— Eu sou a ferida que não cicatrizou. Nasci no instante da dor... mas nunca quis ficar para sempre. Me chamam Mágoa, mas eu sou mesmo é má água — parada, turva, presa no tempo. E água que não flui... apodrece.

Ressentimento, com os olhos fixos no passado, respondeu:
— Eu te contive, Mágoa. Te guardei em mim como quem guarda veneno. Achei que, assim, estaria mais forte. Que não esquecer seria o mesmo que se proteger.

Rancor, com voz dura, completou:
— E eu endureci essa água. A transformei em pedra. Congelei teu fluxo. Fiz da dor uma arma. Não permiti que escorresse, porque achei que ceder era fraqueza.

Mágoa abaixou os olhos, sentindo o peso dos anos. Suspirou fundo, depois ergueu a cabeça com serenidade:
— Vocês me retiveram. Quando eu só queria correr, como rio depois da chuva. Fui feita para ser sentida, sim, mas também para seguir meu caminho. Enquanto eu chorava em silêncio, vocês gritavam por mim. Mas agora... eu não quero mais viver assim. Estou estagnada. Quero voltar a ser água viva, que nutre, não que envenena.

Ressentimento, desconfiado, sussurrou:
— E se esquecerem o que te causou? E se confundirem teu perdão com aceitação do erro?

Mágoa respondeu com voz suave como nascente:
— Lembrar é diferente de reviver. Eu posso me lembrar e ainda assim escolher a paz. O que fizeram já passou — mas o que faço com isso agora… é escolha minha.

Rancor, em tom de revolta, retrucou:
— Então você vai perdoar? Vai deixar por isso mesmo?!

Mágoa, já em transformação, respondeu com firmeza e compaixão:
— Perdoar não é apagar. É abrir caminho para que eu volte a fluir. Vocês me ajudaram a resistir, eu reconheço. Mas agora quero leveza. Quero dançar como um riacho livre. Quero ser água limpa outra vez.

E então, Mágoa se despediu dos dois. Com gratidão por tê-los feito parte da jornada, mas com a alma decidida, disse:
— Eu sou parte da história, não o fim dela. E agora… eu escolho seguir em paz. Escolho fluir.

Os Quatro Ecos

Bate-papo da Consciência

Vítima, com a voz trêmula, porém firme:
— Eu só queria ser compreendida. Fui ferida, ignorada, silenciada. Carrego cicatrizes que ninguém vê.

Vingador, cerrando os punhos:
— É por isso que eu existo. Para corrigir o que fizeram com você. Para devolver a dor — multiplicada. Chamam de justiça. Eu chamo de equilíbrio.

Narcisista, com sorriso frio e voz aveludada:
— Vocês são tão... frágeis. Eu aprendi cedo: ou eu brilho, ou eu desapareço. Então eu me tornei o centro. O outro só importa quando me serve.

Cura, com calma e presença serena, pondera:
— Nenhum de vocês está errado por existir. Mas todos estão presos.
Vítima, sua dor é real, mas não define quem você é.
Vingador, sua força é intensa, mas não precisa ferir para proteger.
Narcisista, até sua vaidade guarda uma ferida que anseia por amor.

Vítima, olhando para Cura, pergunta:
— E como eu deixo de ser só dor?

Cura responde:
— Quando você permite que a dor conte sua história, mas não escreva seu futuro.

Vingador, desconfiado:

— E se eu não agir... eles vencem!

Cura:
— Não. Quando você escolhe o perdão, é você quem vence. Não por fraqueza — mas por liberdade.

Narcisista, em silêncio por um instante:
— E se por trás de tudo... só houver vazio?

Cura, com ternura:
— Então permita que o amor entre. Não aquele que exige aplausos, mas o que acolhe até o silêncio.

Entre o Sentir e o Ir

Bate-papo da Consciência

Relacionamento Amoroso, com voz envolvente, serena, quase um sussurro, mas cheia de camadas:
— Eu sou o lugar onde dois corações se encontram... e se reconhecem. Sou feito de encontros, mas também de espelhos. Quem se aproxima de mim precisa se olhar de verdade, estar disposto a se despir das defesas. Não sou abrigo sem esforço, nem milagre sem entrega. É por isso que muitos me temem.

Coragem, direta, sem rodeios:
— Eu te conheço bem, Relacionamento. Ninguém chega até você sem me atravessar. Eu sou o salto, o primeiro passo no escuro — o sim dito com as mãos tremendo e também o não firme que abre espaço para esse sim existir; e vice-versa. Não prometo que não vai doer — só garanto que vale sentir.

Dedução, com tom analítico e olhar cético:
— Mas esse salto precisa de critério. Nem todo "amor" é porto seguro. Às vezes, é tempestade disfarçada. É preciso entender os sinais, pesar os gestos, ouvir o que não foi dito. Eu sou o filtro. A razão antes da queda.

Avanço, vibrante, impaciente, como quem já está de pé:
— E eu? Eu sou o movimento! Ficar parado demais, tentando prever tudo, é o que emperra a vida. Amar exige passo — não só pensamento. Pensar demais cansa. Esperar demais paralisa. Eu sou quem transforma o querer em caminho. Sem mim, o amor vira ideia — nunca realidade.

Relacionamento Amoroso, olhando para todos:
— Eu não sou só destino, sou construção. E vocês me completam.
Sem Coragem, não há entrega — ela abre as portas.
Sem Dedução, não há critério — ela define os limites.
Sem Avanço, não há história — ela impulsiona os dias.
E sem mim... vocês nem se encontrariam.
Sou o que nasce quando todos vocês decidem caminhar juntos.

Dedução, com um suspiro:
— Talvez seja hora de confiar um pouco mais... nem tudo se resolve com lógica.

Coragem, erguendo o queixo:
— E tudo começa com um passo. Mesmo sem saber o fim.

Avanço, com brilho nos olhos, já se levantando:
— Então, vamos? Porque viver esperando certeza é não viver — e amor que espera demais, passa.

Relacionamento Amoroso, com um sorriso terno:
— Estou aqui. Pronto para ser vivido. Mas só por quem ousa sentir... e seguir.

Uma Conversa Profunda

Bate-papo da Consciência

O Mar com a testa franzida disse:
— Espelho a alma. Sou vasto… profundo. Às vezes, posso assustar, mas não sou inimigo. Tudo o que você é se dissolve em mim. Não tento prender, só acolher.

A Onda, chegando e indo embora, como uma respiração, se posicionou:
— Eu sou o tempo. Nunca sou a mesma, sempre volto diferente. Carrego as memórias, empurro os futuros. Sou a mudança, disfarçada de repetição.

A Areia entre os dedos, quieta e fluida, escorregou sua fala:
— E eu sou onde você pisa, para onde tudo escorre. Sou destino. Mas não sou linha reta. Sou desenho, bordado pela arte de cada escolha.

O Barco balançando suavemente ponderou:
— Eu carrego tudo o que você sente. Às vezes flutuo leve, outras quase viro. Sou feito pra navegar... e para sentir o balanço da vida.

O Timão girando lentamente, com firmeza:
— E eu sou direção. Quando você se perde de mim, o barco deriva. Mas, quando me escuta — mesmo na névoa — a travessia continua.

O Horizonte, calmo, se revela:
— E eu... eu sou o convite. Sou o que você chama de fim, mas também o meio do caminho. Sou o lugar que aparece quando você olha com coragem. Não estou distante — estou além do medo de se molhar.

Esperando Acolher

Bate-papo da Consciência

A Rejeição falou, com voz fria:
— Eu chego quando não me escolhem. Faço do silêncio um grito interno.
Minha mente corre sem freio, mas meu corpo mal se move — exausto de tentar.

O Abandono se encolheu num canto:
— Eu fico quando todos vão. Engulo as emoções, sem saber onde guardá-las.
Sou o eco do que não teve despedida.

A Traição entrou ferida:
— Eu me comparo, fujo de mim, prometo e não sustento.
Corto fundo — porque até o mais próximo pode virar costas.

A Humilhação baixou os olhos:
— Eu carrego o medo como armadura.
Cobro de mim o impossível, e ainda assim me sinto menos.
Surjo quando me colocam abaixo — e me deixo ficar.

A Injustiça ergueu-se, firme:
— Eu ardo em raiva. Me recuso a seguir o roteiro.
Perco o controle quando o mundo pesa torto.
Grito por reparo onde a balança quebrou.

E o Acolher surgiu, sereno:
— Eu ouço cada uma de vocês.
Não fujo. Nem julgo.
Chego com o toque que cicatriza — e com o tempo que fica.

Angústia e Medo

Bate-papo da Consciência

A Angústia sussurrou, apertada no peito:
— Eu sou o nó que aparece quando algo dentro de você pede mudança.

O Medo tremeu, mas falou:
— Eu venho quando tudo é incerto, e o caminho ainda está escuro.

A Decisão chegou, com olhos firmes:
— Eu corto a névoa. Escolho. Mesmo sem garantia.

E a Postura se ergueu, com presença:
— Eu sou a forma que o corpo assume quando a alma escolhe permanecer.

Sonho e Ilusão

Bate-papo da Consciência

O Sonho surgiu primeiro, com brilho nos olhos:
— Eu sou o que te faz olhar além do agora. O que acende a esperança no escuro.

A Ilusão chegou em seguida, com um sorriso ambíguo:
— E eu sou o que veste o desejo com véus. Às vezes, te guio. Outras, te perco.

A Conquista entrou em cena, com passos firmes:
— Eu sou o que nasce quando você escolhe continuar. Mesmo caindo, mesmo cansando.

E a Postura, ereta e serena, disse por fim:
— Eu sou a forma como você caminha. E quando tudo treme, sou eu que te mantém de pé.

O Limbo...

Bate-papo da Consciência

O Limbo olhava para os lados, indeciso, quando a Clareza se aproximou e disse:
— Enquanto você esperar que tudo se resolva sozinho, continuará preso entre o talvez e o nunca.

A Decisão cruzou os braços e falou firme:
— Só se sai daqui com atitude.

O Limbo suspirou... e deu o primeiro passo.

Atitude, sim ou não?

Bate-papo da Consciência

A Espera estava sentada, olhando o horizonte, quando o Tempo chegou e disse:
— Ainda assim, você não se cansa?

Ela respondeu com calma:
— Estou aprendendo que nem tudo depende de mim.

A Atitude, impaciente, interrompeu:
— Mas às vezes, o que falta é justamente deixar ir.

O Tempo sorriu e completou:
— Há um momento certo para cada passo. E outro para soltar a mão.

A Culpa e a Liberação

Bate-papo da Consciência

A Culpa andava curvada, arrastando os pés, quando encontrou a Angústia sentada à beira do caminho.

— Você também sente esse peso? — perguntou a Culpa, com os olhos marejados.

— Sinto… — respondeu a Angústia, — mas o meu vem de não saber o que fazer com o seu.

Nesse momento, chegou a Liberação, soprando um vento leve.
— Talvez vocês precisem menos de respostas… e mais de perdão.

As duas se entreolharam, ainda desconfiadas.

Mas a Liberação sorriu e completou:
— Quando a gente solta, o coração respira.

Vou ou não...

Bate-papo da Consciência

Estavam sentados à beira de um pensamento sombrio, quando o Desânimo resmungou:
— Acho que vou desistir... Nada dá certo.

A Fé, com voz serena, respondeu:
— O que não dá certo talvez esteja apenas abrindo espaço para o que é certo chegar.

O Silêncio, que ouvia tudo sem pressa, completou:
— Às vezes, desistir do que te pesa é exatamente o que te permite continuar.

Impossível ou Possível?

Bate-papo da Consciência

O Viajante, muito curioso, perguntou:
— Como assim? O impossível parece tão... impossível.

Com suavidade e um sorriso amistoso, a Consciência explicou:
— Quando você está sozinho, tudo parece pesado demais. Mas quando encontra a companhia certa, aquilo que parecia inalcançável fica ao alcance da mão. Grandes feitos nascem de boas alianças.

Gostando de ouvir aquilo, o Viajante ponderou:
— Então não é só uma questão de força de vontade?

A Consciência, agora um pouco mais séria, respondeu:
— Não apenas isso. Também é questão de estar no lugar certo, com as pessoas certas, no momento certo. Nada floresce isolado.

Com entusiasmo, o Viajante perguntou:
— E os acontecimentos da vida? Por que algumas coisas parecem tão fora do meu controle?

A Consciência refletiu em voz alta:
— Porque todo acontecimento faz parte do sonho de alguém. Cada realidade que você cruza é sonho de quem ousou imaginar. Quando você não tem clareza sobre o que quer, inevitavelmente acaba participando do roteiro dos outros.

O Viajante, com a mão apoiando o queixo, murmurou:
— Então... se eu não tenho um plano, estou vivendo o plano de outra pessoa?

A Consciência assentiu com ternura:
— Exatamente. Se você não escreve sua história, acaba figurando como personagem secundário na história alheia. A pergunta é: de quem é o sonho que você está alimentando?

O Viajante, muito intrigado, insistiu:
— E se eu quiser mudar isso?

A Consciência, com a costumeira paciência, indicou:
— Comece decidindo o que você quer sonhar. Depois, encontre companhia para tornar isso possível. Lembre-se: o impossível só existe quando você tenta enfrentar tudo sozinho.

O Viajante, agora mais motivado, respirou fundo e disse:
— Entendi. Então devo buscar minha visão e escolher bem minhas companhias.

A Consciência finalizou com serenidade:
— Sim. Quando você tiver clareza e aliança, o impossível deixa de ser obstáculo e se torna apenas mais um capítulo.

É importante?

Bate-papo da Consciência

Estavam sentados à beira de um pensamento criterioso, quando a Exigência comentou:
— Acho que vou me esforçar mais... Preciso fazer tudo que é importante.

A Sabedoria, ajeitando seu manto leve, respondeu:
— Nem tudo que é importante importa. Nem tudo que importa é relevante. Nem tudo que é relevante é, de fato, determinante.

O Impacto, que até então observava calado, acrescentou:
— No fim, não somos medidos pelo quanto nos esforçamos... mas sim pelo quanto o que fazemos realmente toca, transforma e permanece.

Foi então que a Compreensão, que escutava de olhos bem atentos, disse:
— E há mais... O que é importante pra você pode não ser pro outro. E entender isso nos liberta: liberta o outro de fazer como queremos... e nos liberta de viver tentando atender o que o outro espera.

O Silêncio, sorrindo, finalizou:
— Conciliar não é concordar com tudo. É reconhecer as diferenças sem se perder de si... nem exigir que o outro se perca de si por nós.

Transformações

Bate-papo da Consciência

A Revelação chegou sem aviso:
— Eu mudo tudo num instante.

Ressignificar sorriu:
— E eu cuido do depois, dando novo sentido ao que parecia fim.

O Inerente, tranquilo, completou:
— Mesmo assim, há coisas que sempre foram.

Diálogo Acirrado

Bate-papo da Consciência

A Crença bateu na mesa:
— Isso é o certo! Sempre foi!

A Flexibilidade sorriu de lado:
— Sempre? Você tem certeza?

A Coerência ajustou os óculos:
— Se for sempre, tem que fazer sentido agora também.

O Avanço, impaciente, se levantou:
— Ou a gente discute pra sempre... ou segue em frente.

Conspiração Audaciosa

Bate-papo da Consciência

A Ansiedade entrou sem ser chamada, olhando tudo ao redor:
— Vocês já decidiram alguma coisa?

O Silêncio nem se mexeu.
A Culpa deu de ombros:
— Estamos esperando a Insegurança.

A Autossabotagem riu sozinha no canto:
— Ela sempre atrasa... mas chega.

A vida em movimento...

Bate-papo da Consciência

O Útero estava encolhido... carregava dores, memórias e silêncios.

Foi quando o Amor se aproximou e sussurrou:
— Você não é falha. Você é templo.

A Coragem então segurou suas mãos e disse firme:
— Seu valor não mora no que falta. Mora no que você já é.

A Fé chegou, sentou ao seu lado e completou:
— Respira... teu ventre ainda é casa. E a vida sempre encontra um caminho.

O Útero fechou os olhos, respirou fundo... e escolheu florescer.

Contrato...

Bate-papo da Consciência

O Contrato tremia nas mãos. Sabia que seu tempo havia acabado.

Foi quando a Autonomia se aproximou e disse, olhando nos olhos:
— Você não precisa mais disso. Nenhuma mão te salva além da sua.

A Liberdade sorriu de canto e completou:
— Você pode. Você sempre pôde.

Então, sem drama, sem medo, sem volta...
O Contrato se desfez. E, no espaço vazio, nasceu um caminho novo.

Esteira da Vida

Bate-papo da Consciência

Estavam exaustos, à beira de um suspiro pesado, quando o Cansaço desabafou:
— Corro, corro... e não saio do lugar. Acho que vou parar.

A Intuição, ajeitando os passos no compasso da respiração, respondeu:
— Às vezes, não é sobre chegar... é sobre fortalecer quem corre.

O Silêncio, que observava tudo com olhos de dentro, completou:
— Nem todo caminho se mede em distância. Alguns só se percorrem por dentro.

Dança e Andança

Bate-papo da Consciência

A Dança girou no centro e disse:
— Eu celebro o instante com o corpo inteiro.

A Andança passou com passos leves:
— Eu aprendo com o caminho que se revela a cada passo.

A Mudança sorriu com os olhos brilhando:
— Eu sou o que nasce quando o velho encontra o novo.

E a Aliança, serena, concluiu:
— Eu uno o que parecia distante — e crio um propósito maior.

Congruência ou Correria?

Bate-papo da Consciência

Estavam tropeçando nos próprios passos, quando o Pensar resmungou:
— Planejo, analiso, calculo… mas parece que nunca basta.

O Sentir, ajeitando o peito que vivia apertado, respondeu:
— Talvez seja porque pensar sem sentir… é como traçar um mapa sem saber se o coração quer ir pra lá.

O Agir, ofegante, completou:
— E agir sem congruir… é correr sem direção. É esforço que não vira conquista.

Então a Consciência, alinhando tudo em silêncio, concluiu:
— Quando pensar, sentir e agir andam juntos… o caminho se abre, e o objetivo deixa de ser só sonho: vira realização.

O Pódium e a Direção

Bate-papo da Consciência

Estavam girando no ciclo das repetições, quando a Dúvida questionou:
— Corro tanto... mas qual é mesmo o meu objetivo? Existe mesmo um pódium no fim disso?

O Foco, ajustando as lentes da percepção, respondeu:
— Sem decisão, até o passo certo te leva para lugar nenhum.

O Silêncio, que entendia de pausas, completou:
— Quem não escolhe o caminho certo, acaba especialista em correr... sem chegar.

E então a Consciência, pousando leve, concluiu:
— O pódium não é pra quem corre mais... é pra quem corre na direção certa.

Atuação e Posicionamento

Bate-papo da Consciência

A Atuação, com energia vibrante, disse:
— Eu sou a força que te leva a agir, mesmo sem certeza.

O Posicionamento, com olhar firme e seguro, respondeu:
— Eu sou a escolha consciente de onde você se coloca no mundo.

A Reflexão, com calma, ponderou:
— Eu sou o momento em que você pensa antes de dar o próximo passo.

E a Transformação, com um sorriso de quem sabe a jornada, concluiu:
— Eu sou o que nasce quando a atuação se alinha com o posicionamento verdadeiro.

Correndo Pra Onde?

Bate-papo da Consciência

Estavam apertados no cronômetro da vida, quando a Pressa reclamou:
— Faço mil coisas, corro o dia inteiro... mas tudo parece sempre inacabado.

A Sabedoria, ajeitando as palavras com calma, respondeu:
— Talvez você esteja confundindo velocidade com direção.

O Silêncio, que respirava fundo, completou:
— Quem vive só correndo... esquece que não é o quanto anda, mas pra onde vai, que faz diferença.

E então a Consciência, com aquele tom que atravessa, concluiu:
— Quem não escolhe o caminho... acaba prisioneiro da própria esteira.

Propósito ou Prisão?

Bate-papo da Consciência

Sentados no tabuleiro da vida, a Verdade puxou assunto:
— Me diz... pra quê tudo isso? Quem inventou que ter um propósito é uma sentença?

O Cansaço, meio deitado, respondeu:
— Eu não sei... só sei que estou exausta de carregar essa tal "missão".

A Dúvida se intrometeu:
— Será que dá tempo? Será que já não tô velha pra mudar de rota?

O Encanto, ajeitando suas cores — sorriu:
— Dá sim. Sempre dá. Você pode, inclusive, inventar outros trabalhos, outros caminhos, outros "muralhos", se quiser.

A Ambiguidade, cruzando as pernas, afirmou sem medo:
— É... eu sou múltipla. Sou sim. Ambígua, mas não incoerente. E quer saber? Isso não me faz menor, me faz inteira.

O Silêncio então se aproximou e, com sua voz calma, concluiu:
— Ponto. Sem nó. Você não precisa mais dançar no palco da ansiedade versus infelicidade. Pode criar seu próprio espetáculo... com canto, com pranto ou com encanto. E sabe o que é melhor? Ainda dá tempo.

Crescer ou Parar

Bate-papo da Consciência

Sentados à beira de um desejo inquieto, o Cansaço desabafou:
— Eu não aguento mais... Tudo parece pesado. Devo tanto, me sinto tão parada...

O Encanto, curioso, perguntou:
— Mas... o que ainda te seduz? O que faz seus olhos brilharem? Ou será que você só anda cantando prantos?

A Verdade, com olhar firme, respondeu:
— É ilusão ficar esperando. O que você quer precisa ser criado.

A Criança Interior, meio emburrada, se defendeu:
— E se for difícil? E se eu errar? E se não der certo?

Mas o Adulto, que até então só observava, se levantou, respirou fundo e disse:
— Chega. Chega de paradeza. Chega de me tratar como quem não sabe, não pode ou não merece. Eu assumo. Eu cresço. Eu escolho viver a vida, fazer o que precisa ser feito, criar sentido e parar de parar a mim mesma.

E a Justiça, sorrindo, concluiu:
— Agora sim... o equilíbrio começa a acontecer.

Força e Coragem

Bate-papo da Consciência

A Força falou, com voz firme:
— Eu sou o chão onde você pisa quando tudo balança.

A Coragem respondeu, com o peito aberto:
— E eu sou o passo que você dá, mesmo com o medo gritando.

O Propósito então se aproximou, com os olhos em brasa:
— Eu sou a direção. Não deixo que você esqueça por que começou.

E a Leveza sorriu, quase dançando:
— Eu sou o respirar entre as batalhas — o descanso que mantém tudo possível.

Clareza e Decisão

Bate-papo da Consciência

A Clareza apareceu primeiro, dizendo com leveza:
— Eu mostro o que é real.

A Decisão chegou em seguida, firme:
— E eu escolho o caminho entre tantos.

O Poder se aproximou com presença:
— Eu dou força pra sustentar o que foi escolhido.

A Ação, sorrindo, completou:
— E eu sou o movimento que transforma intenção em mundo.

Essência

Bate-papo da Consciência

As Flores suspiraram:
— A gente embeleza o caminho.

As Cores brilharam:
— A gente dá vida a ele.

Os Amores sorriram:
— E a gente faz tudo valer a pena.

Combinação Rara

Bate-papo da Consciência

A Alegria chegou saltitante e disse ao Comprometimento:
— Eu sou festa, você é rotina... será que dá certo?

O Comprometimento respondeu com calma:
— Se você vier todo dia, eu viro celebração.

A Disciplina, de longe, comentou sorrindo:
— Quando vocês se juntam, o impossível acontece.

Amor Confuso

Bate-papo da Consciência

O Coração chegou primeiro, aflito:
— Eu amei... mas saí enredado. Era amor? Ou era um nó?

A Memória, com olhos embaçados, respondeu:
— Às vezes, a gente ama o que nos parece familiar, mesmo que doa.
Mesmo que aprisione.

A Intuição pousou devagar:
— Amor que confunde não é lar.
Se te despedaça, não é templo — é armadilha vestida de altar.

O Medo, tremendo num canto, murmurou:
— Mas e se eu soltar e ficar sem nada?
E se for isso que mereço?

A Coragem entrou pela porta como vento leve:
— Não é ausência o que vem depois do adeus.
É espaço.

A Razão, ajustando seus óculos, disse com calma:
— Confundir amor com prisão é como chamar grades de abraço.
É preciso nomear com clareza pra libertar o sentir.

A Alma, então, sussurrou:
— Não me respiro mais em ti.
Não preciso te odiar para te soltar.
Confusão não é mais minha casa,
o amor agora é clareira,

e eu caminho descalça sobre chão limpo.
Silêncio.
Respiração.
Presença.

O Futuro, que tudo observava de longe, sorriu e disse:
— Quando o amor se descomplica por dentro, ele se organiza por fora.
E chega com verdade, com leveza e com chão.

Proteção Instintiva

Bate-papo da Consciência

O Quero-quero gritou, firme:
— Eu ouço quando algo se aproxima. Defendo o que é meu, sem violência, com verdade.

A Perdiz sussurrou, serena:
— Eu caminho baixo, mas com sabedoria. Sei me recolher antes da tempestade.

A Voz Interior concordou:
— Nem todo grito é ataque. Às vezes é só o corpo dizendo: "Aqui não".

A Identidade se ergueu com doçura:
— Não preciso mais me misturar para existir. Sou inteira, mesmo em silêncio.

A Presença sorriu:
— Hoje eu escolho ser. Sem fingir, sem seguir bandeiras que não são minhas.

A Justiça pousou como um vento leve:
— Agora tudo volta ao seu lugar. Com amor. Com coragem. Com consciência.

Impulso

Bate-papo da Consciência

A Verdade declarou:
— Eu preciso ser dita.

A Mentira deu de ombros:
— E eu preciso ser contada.

O Impulso, sem paciência, cortou a conversa:
— E eu preciso acontecer.

A Espera, as Versões e o Espelho

Bate-papo da Consciência

A Criança cruzou os braços, emburrada:
— Não vou dividir. Ninguém nunca dividiu comigo.

A Carente, com os olhos fundos de sono antigo, sussurrou:
— Só queria um pouco… um gesto, um olhar, um "fica".

A Vingadora resmungou, afiando a palavra:
— Já que não vem por bem, virá por mim.

A Narcisista, ferida e vaidosa, levantou a cabeça:
— Aprendi a me amar quando ninguém mais sabia como.

A Juíza sentenciou:
— É por sua culpa, por repetir demais, por esperar sempre!

A Autopunição riu de lado:
— E nem percebe que se pune esperando o que não vem.

A Espera, cansada de tanto ficar, perguntou:
— Mas… o que exatamente estamos esperando?

A Consciência, do alto da arquibancada, enxergando o campo inteiro, respondeu com calma:

— Talvez estejamos esperando que o tempo conserte o que só o perdão cura.
— Ou que o outro nos dê o que só nasce quando a gente se escolhe.

A Criança olhou pro espelho:
— Então o tempo não está errado?

A Consciência sorriu:
— O tempo não erra. Ele apenas revela quem ainda está escondido dentro de você.

E naquele instante, não foi preciso terminar a espera. Bastou dar as mãos para quem sempre esteve ali... sentada no fundo do coração.

A Travessia

Bate-papo da Consciência

O Julgamento apontou o dedo e disse à Decisão:
— Vai errar de novo. Já vi esse filme.

A Decisão hesitou, mas respirou fundo.

Foi quando o Perdão apareceu e disse:
— Errar faz parte. Continuar preso ao erro... não.

O Silêncio, que tudo assistia, sussurrou:
— Às vezes, o passo mais difícil é o que liberta.

O Peso

Bate-papo da Consciência

A Culpa olhou para dentro e disse:
— Eu moro aqui há tanto tempo que já decorei os móveis.

A Esperança, tentando abrir a janela, respondeu:
— Mas você não é dona da casa...

Do fundo do quarto, a Autossabotagem comentou:
— Enquanto vocês brigam, eu vou tirando os tapetes.

Amenidades pelo caminho...

Bate-papo da Consciência

A Responsabilidade caminhava séria quando tropeçou na Leveza.
— Você podia olhar por onde anda... — disse, irritada.

Leveza sorriu e respondeu:
— Você podia aceitar que nem tudo precisa pesar.

Nisso, chegou a Gratidão, abraçando as duas:
— Quando a gente agradece, a graça desce...
E, com um gesto calmo, apontou para o outro lado do caminho:
— É por ali que se aprende a aceitar as diferenças.

Raiz e Caminho

Bate-papo da Consciência

A Manifestação falou com clareza:
— Nada em mim é por acaso.

O Sentido completou:
— Eu sou o fio que conecta o que se vive ao que se é.

O Propósito acrescentou:
— E eu sou a razão oculta que impulsiona cada passo.

O Indivíduo, olhando pra dentro, reconheceu:
— Em mim está a origem... e também a cura.

Permissão para Crescer

Bate-papo da Consciência

Sentados em um abrigo tranquilo, a Saudade suspirou:
— Ainda sinto o peso do que deixei para trás. Será que posso seguir?

A Verdade, com olhar sereno, respondeu:
— Siga em paz. O passado não prende quem se liberta.

O Movimento, com passos leves, acrescentou:
— É o momento de expandir, de avançar para o que você merece.

A Angústia, hesitante, sussurrou:
— E se eu não conseguir? Se tudo continuar apertado?

A Paz, sorrindo, falou:
— Você já quebrou o teto baixo. Agora pode ampliar o espaço onde respira.

A Alegria cantou:
— Permita-se a sorte, a conquista, o ganho, o investimento, o usufruto.

O Tormento, calado, percebeu que era hora de se despedir.

A Consciência concluiu, firme e confiante:
— Eu posso. Eu vou. Eu confio. Minha permissão aumentou.

A Sombra e o Tesouro

Bate-papo da Consciência

Sentados à sombra de uma velha árvore, a Angústia resmungou, meio zonza:
— Acho que tem coisa ruim aqui... Deve ser o diabo... ou algum problema que eu não tô vendo.

O Medo, com os olhos arregalados, sussurrou:
— Eu também sinto... parece pesado... tem algo escondido.

A Sombra, que sempre esteve ali, respondeu com voz firme e tranquila:
— Não sou o diabo. Eu sou só... o que vocês não quiseram olhar.

A Árvore, balançando seus galhos, completou:
— Quem busca abrigo aqui descobre que nem todo escuro é ameaça.

Foi então que a Vista se manifestou, apontando para o chão:
— Olhem bem. Tem algo aqui... uma moeda... um baú.

O Brinquedo, meio esquecido no canto, sorriu:
— É, parece que vocês vieram procurar tormento... e acharam tesouro.

A Verdade se ergueu, limpando o pó do tempo:
— A questão é... é moeda ou é nota? É valor real ou é só registro?

O Tesouro respondeu, cintilando:
— Eu sou aquilo que vocês esqueceram que possuem. Sou valor. Sou potência. Sou recurso interno.

E, quando a Consciência entendeu, respirou fundo, abriu os braços e declarou:
— Chega de tormento. Eu toco as trombetas. Eu me liberto. Eu reconheço o meu valor.

Ao som das trombetas invisíveis, o medo se dissolveu. A sombra permaneceu — não mais como ameaça, mas como abrigo e proteção.

Filosofando com o Caminho

Bate-papo da Consciência

O Caminho falou, como um filósofo sábio:
— Eu sou a busca incessante por significado — e por um sentido maior.

A Verdade, com uma expressão tranquila, respondeu:
— Eu sou o que se descobre quando a dúvida se acalma.

A Vida, com uma ironia suave, acrescentou:
— Eu sou o jogo entre o ser e o não ser, entre o questionamento e a aceitação.

E o Pensamento, em profunda reflexão, finalizou:
— Eu sou o movimento constante da razão, que se dissolve na experiência.

Tique ou Tique-taque?

Bate-papo da Consciência

(Sobre os Tiques e a Síndrome de Tourette)
Quando o corpo fala o que a alma ainda não sabe dizer…

A Mente suspirou:
— Tento manter tudo sob controle, mas... às vezes escapa.

O Corpo respondeu:
— Escapa porque precisa sair. É impulso que não cabe.

A Voz sussurrou:
— Eu falo sem pedir permissão. Não sou falta de educação. Sou necessidade em forma de som.

A Tensão revelou:
— Eu sou o acúmulo do não-dito, o peso da tentativa de ser normal.

O Tique falou baixinho:
— Eu sou movimento da alma tentando se mostrar. Não sou erro. Sou expressão.

O Silêncio, com carinho, completou:
— Quem escuta com o coração entende o que os olhos não veem.

A Intuição, então, abraçou a cena e disse:
— Tudo aquilo que é repetido demais merece ser olhado com mais amor.

Entre Mundos

Bate-papo da Consciência

O Arco-íris brilhou:
— Eu sou a promessa depois da tempestade.

O Barquinho de Papel flutuou e disse:
— Eu sou o sonho que navegava nos dias de chuva.

O Soldadinho de Chumbo, firme, falou:
— Eu sou a coragem que resistia em silêncio.

A Lembrança suspirou:
— Eu guardo cada um de vocês.

A Infância sorriu:
— Eu fui tudo isso.

E o Adulto, em silêncio, refletiu: Eu fico só com a saudade.

Entre Espelhos e Essências

Bate-papo da Consciência

A Consciência, olhando fundo nos olhos dela, perguntou:
— Quantas versões de você você já tentou ser para agradar o espelho dos outros?

A Autoestima, sentada ao lado, respondeu com certa timidez:
— Muitas... E em todas, eu me sentia só metade. Bonita por fora, partida por dentro.

O Espelho, com sua voz metálica, interrompeu:
— Eu só reflito o que você acredita que precisa mostrar. E você sempre vem carregada de máscaras.

A Versão Exausta, já sem forças, confessou:
— Me moldaram tanto... que às vezes nem sei mais quem sou. Eu me perdi tentando caber, tentando ser aceita, tentando não desagradar.

A Intuição, firme como rocha e suave como brisa, falou:
— Está na hora de parar de se adaptar ao reflexo. E começar a habitar a sua essência. Só ela sabe quem você é, mesmo quando ninguém aplaude.

O Autoconhecimento, que observava em silêncio, completou:
— Conhecer-se dói no começo. Porque você terá que olhar para o que evitou. Mas também é libertador. Porque, enfim, você para de viver em função de aprovações vazias.

A Autoestima, agora mais forte, se levantou:

— Me bancar dói. Mas não tanto quanto me abandonar por medo do que vão pensar.

A Consciência, sorrindo com orgulho, concluiu:
— Não há espelho no mundo que revele sua verdade. Porque a verdade… não se reflete. Ela se sente por dentro.
E quando você se banca, o mundo inteiro sente também.

Onde está a leveza?

Bate-papo da Consciência

O Sobrepeso se inclinou, com um peso invisível:
— Eu sou o que sobra, o que se acumula em silêncio.

A Comida, com sabor doce e amargo, sorriu:
— Eu sou o consolo e a busca, a satisfação e o vazio... sempre esperando ser o suficiente.

O Afeto se aproximou, com mãos calorosas:
— Eu sou o que nutre sem pedir nada em troca, a leveza que se esconde nos gestos mais simples.

A Atitude, com passo firme, olhou para todos:
— Eu sou a escolha feita, o movimento que quebra o ciclo.

A Consciência e Você

Bate-papo da Consciência

Consciência sentou ao seu lado no sofá macio e começou:
— Eu percebi que você sente medo de estar no lugar errado. Que carrega uma culpa antiga por querer receber algo bom. Que acha que, se aceitar, será punida.

Você olhou para o chão, meio sem jeito:
— Eu sei... É como se eu estivesse pegando algo que não me pertence. Quando eu recebo, meu peito dói. Parece dívida. Parece castigo.

A Consciência respirou fundo:
— E se eu te dissesse que não existe dívida por ser você? Que esse prazer, essa doçura, esse descanso, são tão seus quanto o fundo escuro?

Você suspirou, com um nó na garganta:
— Mas eu passei tanto tempo lá embaixo, limpando a água fria do porão... — Eu achei que só podia sair quando tudo estivesse purificado. Eu pensei que isso era responsabilidade minha.

A Consciência apoiou a mão no seu peito:
— Eu entendo. Mas você não é obrigada a morar no fundo para provar seu valor. O fundo é só um cômodo. E você tem uma escada. E tem uma lanterna. E tem a chave.

Você fechou os olhos e sentiu o corpo tremer:
— E se eu quiser confeitar o mundo com doce de leite? E se eu quiser dançar com o dragão e depois deitar no sofá? E se eu escolher o amargo só porque combina com meu momento?

A Consciência sorriu:
— Então você pode. Você pode escolher descer ou subir, repousar ou criar, receber ou doar. Pode aceitar a alegria sem precisar se punir depois. Pode descansar sem dívida. Pode sentir prazer sem culpa.

Você abriu os olhos, e o peito pareceu mais amplo:
— Eu posso mesmo...? Sem que isso seja errado? Sem que isso me torne menos merecedora?

A Consciência respondeu, com firmeza e ternura:
— Você pode. Porque o casarão é seu. Porque tudo isso — o fundo, o profundo, o doce, o dragão, a dança — faz parte da sua história. Porque o seu lugar não é onde disseram. O seu lugar é onde você decide ficar.

E, naquele instante, você sentiu:
Tranquilidade, leveza, direção. Como se, enfim, o corpo não te acuasse. Mas te acolhesse, inteiro, por dentro e por fora.

Dúvidas e Certezas

Bate-papo da Consciência

A Crença falou com firmeza disfarçada:
— Eu sou o chão que muitos pisam sem olhar.

A Ilusão sussurrou, vaidosa:
— Eu me visto com verdades mal costuradas... e quase ninguém nota.

A Verdade permaneceu em silêncio por um instante, depois disse:
— Eu não grito. Apenas espero ser reconhecida.

A Dúvida caminhou entre todas, inquieta:
— Eu não vim para atrapalhar... vim para abrir.

E a Pergunta, com brilho nos olhos, murmurou:
— Eu sou a porta que ninguém vê... até tocar.

A Espera e o Resultado

Bate-papo da Consciência

Demora falou em voz baixa:
— Eu não sou só sobre o tempo, mas sobre tudo que precisa amadurecer.

Resultado ergueu os olhos, paciente:
— Eu chego quando há espaço dentro e fora.

Espera suspirou, com ternura:
— Eu sou o intervalo onde se revelam os verdadeiros laços.

Pressão x Expressão

Bate-papo da Consciência

A Pressão sussurrou:
— Eu fico aqui lembrando você de tudo que não foi dito.

A Coragem respondeu:
— Eu estou pronta para abrir passagem, mesmo que seja só uma gota por vez.

A Harmonia aproximou-se, serena:
— Quando você solta, não perde força. Você encontra o seu ritmo natural.

A Expressão sorriu:
— Eu não sou um grito preso. Eu sou um rio que pode correr em paz.

A Consciência concluiu:
— Então vamos juntos: liberar o que pesa, confiar no fluxo e escolher a leveza.

A Realização e a Postura

Bate-papo da Consciência

Alegria entrou primeiro, radiante:
— Eu sou o sopro que faz tudo valer a pena.

Realização estendeu a mão:
— Quando me encontram, percebem que o caminho tinha sentido.

Postura ergueu a coluna, firme:
— Eu sustento escolhas, mesmo quando o vento muda.

Perseverança aproximou-se com passos calmos:
— Eu permaneço, um dia de cada vez.

Continuidade concluiu com serenidade:
— Sou o fio que tece tudo, para que nada se perca no tempo.

Movimento...

Bate-papo da Consciência

Percepção abriu os olhos do instante:
— Eu mostro o que antes parecia invisível.

Decisão falou com voz firme:
— Eu escolho o rumo, mesmo quando tudo é incerto.

Ação respirou fundo e sorriu:
— Eu movimento o mundo, um gesto de cada vez.

A Rosa do Sufismo

Bate-papo da Consciência

A Busca aproximou-se com delicadeza e disse:
— Vês esta Rosa? Ela não é apenas flor. É o mapa inteiro.

O Caminho ergueu o caule, pontuado de espinhos:
— Muitos me temem porque sangro a pele. Mas cada dor é só a casca se partindo, para que o perfume se liberte.

A Beleza inclinou a corola, luminosa:
— Quando tu ousas contemplar tudo — o espinho, o botão, a pétala aberta — descobres que Eu já estava em ti.

A Essência exalou seu aroma invisível:
— O Viajante não precisa chegar a lugar algum. Ele precisa apenas dissolver-se até não haver mais fronteiras entre a gota e o oceano.

O Amor sussurrou por entre os Universos:
— E, então, a Rosa floresce no teu coração. E tu te recordas que sempre foste fragrância divina.

Dores da Alma

Bate-papo da Consciência

Pessoa:
— Consciência, por que não devemos anestesiar as dores da alma?

Consciência:
— Porque essas dores são como mestres interiores. No caminho budista, chamamos isso de dukkha, o sofrimento que faz parte da existência. Ao invés de fugir, somos convidados a sentar com ele em silêncio, como quem senta diante de um visitante importante. Só assim podemos compreender sua origem e sua impermanência. Quando você anestesia, apenas adia o encontro com a verdade e com a possibilidade de despertar.

Pessoa:
— Então a dor emocional sempre tem algo a ensinar?

Consciência:
— Sempre. Toda dor emocional revela o apego ou a aversão que geram sofrimento. Se você observar com presença e compaixão, verá que a dor é impermanente e que não define quem você é. Ela vem para mostrar onde a mente se agarra e onde o coração precisa se abrir. Ao reconhecer, você pode libertar-se, passo a passo.

Pessoa:
— E quando devo acolher essa dor?

Consciência:
— Quando sentir que há espaço interno. Pode ser agora ou depois. Pergunte com gentileza: O que esta dor quer me mostrar sobre a

natureza dos meus pensamentos e desejos? Ao contemplar sem pressa, você cultiva prajna, a sabedoria que enxerga além das aparências.

Pessoa:
— Às vezes tenho medo de enfrentar essas dores internas…

Consciência:
— É natural sentir medo. Ele também é um visitante. No Budismo, aprendemos a oferecer compaixão a tudo o que surge. Lembre-se: anestesiar é como colocar um véu sobre o espelho da mente. Sentir e investigar, com atenção plena, é limpar esse espelho e reconhecer sua luminosidade essencial. Você não precisa caminhar só. Refúgio pode ser encontrado na prática, na comunidade e no silêncio que acolhe tudo como é.

Conversa entre Cores

Bate-papo da Consciência

Estavam sentados num campo de possibilidades, quando o Cinza falou, com a voz rouca:
— E se não fluir? E se não der certo?

O Vermelho, batendo o pé, respondeu firme:
— Eu não aceito mais essa história de fracasso. Chega.

O Amarelo se ajeitou, acendendo seu brilho:
— A questão não é se vai funcionar. A questão é: você vai fazer funcionar?

O Azul, tranquilo, completou:
— Essa é a escolha. Fazer dar certo.

O Lilás, de olhar sereno, respirou fundo e disse:
— Eu assumo a parte que me cabe... e o que não me pertence, eu devolvo.

O Laranja então se levantou, decidido:
— Eu tomo conta do desejo. Eu quero e vou conquistar.

Por fim, o Branco olhou nos olhos de todos e finalizou:
— Ainda há algo que te prende? Ótimo. Descobre, resolve e segue. Porque você pode.

Obrigada por atravessar estas páginas comigo!

Escrever este livro foi um ato de escuta e entrega, e se ele te tocou de alguma forma, então cumpriu sua missão.

Que as palavras aqui ecoem como sementes em sua consciência, florescendo no tempo certo, à sua maneira. E que você volte sempre que precisar.

Este é apenas o primeiro de muitos encontros com a Consciência.

Que nossos caminhos se reencontrem no próximo volume, onde outras portas se abrirão.

Com carinho,
Renata Angélica

Sobre a Autora

Renata Angélica é escritora de textos poéticos, simbólicos e filosóficos que exploram a experiência humana por meio de diálogos internos. Sua escrita nasce da observação sensível da vida e da coragem de transformar vivências em conversas que revelam profundidade com leveza.

Criadora do **Bate-papo da Consciência**, desenvolveu um estilo único em que personagens—arquétipos — como Intuição, Medo, Criança Interior, Futuro e Tempo... — dialogam entre si, convidando o leitor a uma jornada íntima, afetiva e espiritual.

Unindo lirismo e clareza, espiritualidade e cotidiano, filosofia e simplicidade, sua proposta é ajudar pessoas a se escutarem com gentileza, a reencontrarem partes esquecidas de si e a transformarem suas pausas em portas de consciência.

Este é seu primeiro volume publicado — fruto de anos de diálogos internos, coragem autoral e refinamento sensível da própria jornada.

www.ingramcontent.com/pod-product-compliance
Lightning Source LLC
LaVergne TN
LVHW091010080826
845145LV00003B/1203

* 9 7 8 6 5 9 8 9 8 5 2 0 2 *